BEI GRIN MACHT SICH IHR WISSEN BEZAHLT

- Wir veröffentlichen Ihre Hausarbeit, Bachelor- und Masterarbeit
- Ihr eigenes eBook und Buch - weltweit in allen wichtigen Shops
- Verdienen Sie an jedem Verkauf

Jetzt bei www.GRIN.com hochladen und kostenlos publizieren

Julian Schumertl

Der Aufruf „An die Kulturwelt"/manifest der 93: Motive und spätere Rezeption einiger Unterzeichner

GRIN Verlag

Bibliografische Information der Deutschen Nationalbibliothek:

Die Deutsche Bibliothek verzeichnet diese Publikation in der Deutschen Nationalbibliografie; detaillierte bibliografische Daten sind im Internet über http://dnb.d-nb.de/ abrufbar.

Dieses Werk sowie alle darin enthaltenen einzelnen Beiträge und Abbildungen sind urheberrechtlich geschützt. Jede Verwertung, die nicht ausdrücklich vom Urheberrechtsschutz zugelassen ist, bedarf der vorherigen Zustimmung des Verlages. Das gilt insbesondere für Vervielfältigungen, Bearbeitungen, Übersetzungen, Mikroverfilmungen, Auswertungen durch Datenbanken und für die Einspeicherung und Verarbeitung in elektronische Systeme. Alle Rechte, auch die des auszugsweisen Nachdrucks, der fotomechanischen Wiedergabe (einschließlich Mikrokopie) sowie der Auswertung durch Datenbanken oder ähnliche Einrichtungen, vorbehalten.

Impressum:

Copyright © 2012 GRIN Verlag GmbH
Druck und Bindung: Books on Demand GmbH, Norderstedt Germany
ISBN: 978-3-656-36700-0

Dieses Buch bei GRIN:

http://www.grin.com/de/e-book/208938/der-aufruf-an-die-kulturwelt-manifest-der-93-motive-und-spaetere-rezeption

GRIN - Your knowledge has value

Der GRIN Verlag publiziert seit 1998 wissenschaftliche Arbeiten von Studenten, Hochschullehrern und anderen Akademikern als eBook und gedrucktes Buch. Die Verlagswebsite www.grin.com ist die ideale Plattform zur Veröffentlichung von Hausarbeiten, Abschlussarbeiten, wissenschaftlichen Aufsätzen, Dissertationen und Fachbüchern.

Besuchen Sie uns im Internet:

http://www.grin.com/

http://www.facebook.com/grincom

http://www.twitter.com/grin_com

Kurs: Der Erste Weltkrieg
Wintersemester 2011/2012

Proseminararbeit

Thema:
Der Aufruf „An die Kulturwelt":
Motive und spätere Rezeption einiger Unterzeichner

Studiengang: LA Gymnasium, Deutsch/Geschichte
Semesterzahl: 2

Inhaltsverzeichnis:

I. Einleitung

II. Max Planck

    1) Motive

    2) Widersprüche zwischen geistiger Haltung und Unterzeichnung

    3) Wandel der Meinung und Rezeption des Manifests

III. Gerhart Hauptmann

    1) Motive

    2) Widersprüche zwischen geistiger Haltung und Unterzeichnung

    3) Wandel der Meinung

IV. Ludwig Fulda

    1) Motive

    2) Widersprüche zwischen geistiger Haltung und Verfassung des Manifests

    3) Wandel der Meinung und Rezeption des Manifests

V. Resümee

VI. Quellen- und Literaturverzeichnis

I. Einleitung

Der Aufruf „An die Kulturwelt", auch Manifest der 93 genannt, entstand 1914 durch die Zusammenarbeit des Bühnenautors Ludwig Fulda, der den Text verfasste, Herrmann Sudermann, der diesen in Absprache mit Fulda überarbeitete und dem dichterisch ambitionierten Bürgermeister von Berlin, Georg Reicke, der dem Text seine Thesenform gab.[1] Im sogenannten „Krieg der Geister" entstanden während dem Ersten Weltkrieg massenhaft Gedichte, Schriften und Aufrufe, doch kein Aufruf aus dem Deutschen Reich wurde im Ausland so oft und so negativ rezipiert wie dieser. Er wurde allgemein als Bekenntnis der deutschen Intellektuellen zum Militarismus bekannt und als solches geschmäht und verachtet. In diesem Manifest leugneten die Verfasser die Gräueltaten deutscher Soldaten an belgischen Zivilisten, behaupteten, der Krieg sei für Deutschland ein Verteidigungskrieg und stellten den Militarismus als einen nicht abtrennbaren Teil der deutschen Kultur dar. Doch was bewegte so viele deutsche Intellektuelle zu dieser Zeit, diesen chauvinistischen und die Wahrheit verdrehenden Aufruf zu unterzeichnen? Und wie rezipierten sie später das Manifest?

Diesen Fragen soll in der nachfolgenden Arbeit anhand einer Auswahl von drei Zeugen, die repräsentativ für die Unterzeichner in ihren Meinungen und späteren Verhaltensweisen in Bezug auf das Manifest stehen, nachgegangen werden. Die ausgewählten Zeugen sind Ludwig Fulda, der Verfasser des ursprünglichen Textes selbst, der berühmte Physiker Max Planck und der Dichter Gerhart Hauptmann. Diese Auswahl kann damit begründet werden, dass sowohl Planck als auch Hauptmann ihre Unterschrift auf telegraphischem Weg gaben, ohne vorher den Text des Aufrufs gelesen zu haben und somit repräsentativ für einen großen Teil der Unterzeichner sind, wie eine Umfrage des Journalisten Hans Wehberg nach dem Krieg ergab. Es wurden viele Unterschriften auf dem telegraphischen Weg eingeholt, der genau Text war diesen Unterzeichnern unbekannt. Es wurde ihnen lediglich gesagt, es handle sich um einen „Protest gegen Auslandslügen". Außerdem wurden bedeutende Namen anderer Unterzeichner genannt, um den Angeschriebenen für eine Unterschrift zu gewinnen.[2]

Auch die Verschiedenheit der späteren Rezeptionen des Manifests gibt bei diesen drei Zeugen einen repräsentativen Überblick über die Rezeptionen der restlichen Unterzeichner. So hielt Fulda an der Idee des Aufrufs fest, während Planck sich später davon distanzierte und Hauptmann dazu schwieg.

---

[1] Bernhard vom Brocke: Wissenschaft und Militarismus. Der Aufruf der 93 "An die Kulturwelt!" und der Zusammenbruch der internationalen Gelehrtenrepublik im Ersten Weltkrieg. In: William M. Calder (Hrsg.): Wilamowitz nach 50 Jahren. , Darmstadt 1985, S. 662

[2] William M. Calder (Hrsg.): Wilamowitz nach 50 Jahren., S. 661

Eine Untersuchung der Motive der Unterzeichner kann Aufschluss über die Denkweisen der damaligen Zeit geben und ist somit ein wichtiges Mittel, um die Ideologie, die im Deutschen Reich unter Kaiser Wilhelm II. vorherrschte, besser verstehen zu können. Dagegen gibt die Untersuchung der Widersprüche innerhalb der Charaktere Aufschluss darüber, wie sehr oktroyierte Werte die Meinung des Einzelnen beeinflussten. Eine genaue Betrachtung der späteren Rezeptionen des Manifest durch die einzelnen Unterzeichner ermöglicht zusätzlich einen Einblick, wie für die Gewinnung von Unterschriften berühmter Personen manipuliert wurde und wie die jeweiligen Personen nach Aufdeckung des Betrugs darauf reagierten. Im Folgenden sollen nun diese drei Untersuchungen anhand der oben genannten Zeugen durchgeführt werden

II.Max Planck
1)Motive

Als Deutschland Ende Juli 1914 seine Beteiligung am Krieg bekannt gab, ließ sich auch Planck von der allgemeinen Kriegsbegeisterung hinreißen. Schon immer war er patriotisch eingestellt gewesen und dem Kaiser gegenüber loyal. Er freute sich in den Briefen an seinen Sohn Erwin, der als Soldat an der Westfront war, stets über die deutschen Erfolge im Krieg.[3] Allerdings sah er dem Krieg nicht nur positiv entgegen, er erkannte auch dessen Gefahr und dass es „vielleicht sogar um die Existenz des Vaterlandes gehen wird".[4]

Die patriotische Einstellung Max Plancks, die ihn wohl auch zur Unterzeichnung des Aufrufs nötigte, zeigte sich jedoch besonders zu Beginn des Krieges, als er in einer Rede vom 3. August 1914 in Berlin zur jährlichen „Feier des Stifters der Friedrich-Wilhelms-Universität" von der „Gewissenhaftigkeit und Treue"[5] redete, mit der jeder seine vom Schicksal auserwählte Rolle erfüllen müsse. Er erklärte, dass dies sowohl für die Soldaten, als auch für die Wissenschaftler gelte. Diese Rede zeugte von einem für die damalige Zeit typischen Sittenkodex, der durch Erziehung und Tradition vermittelt wurde, in dem die Treue gegenüber der Familie, Gott und dem Vaterland hochgehalten wird. Für Planck waren diese Aspekte genauso wichtig wie seine Treue gegenüber der

---

[3] Astrid v. Pfufendorf: Die Plancks. Eine Familie zwischen Patriotismus und Widerstand, Berlin, 2006, S. 73 ff.

[4] Pfufendorf: Die Plancks, S. 68

[5] Zit. in: Pfufendorf: Die Plancks, S. 67

Wissenschaft.[6]

So tolerant Planck sich auch gab und so sehr er auch fremde Meinungen respektierte, seine Toleranz war stets diesem Kodex unterstellt und so stellten die Angriffe der Entente-Propaganda auf das deutsche Heer und den deutschen Kaiser wohl auch persönliche Beleidigungen für ihn selbst dar. Diese Identifikation mit dem Deutschen Reich und dem Kaiser und die bedingungslose Treue gegenüber der vom Kaiser propagierten Werte machte ihn - entgegen seiner eigenen Vorstellung – zu einem sehr politischen Menschen. Seine Empfindung der eigenen Überparteilichkeit, die übrigens viele seiner Wissenschaftler-Kollegen teilten, war, wie Gustav Radbruch es treffend ausdrückte, „die 'Lebenslüge' des Obrigkeitsstaates".[7]

Ein weiterer Beweis für Plancks unverbrüchliche Treue zum Vaterland war, dass er seine Kinder in den Kriegsdienst ziehen ließ: Seine Töchter Emma und Grete meldeten sich sofort nach Kriegsausbruch für den Dienst im Lazarett, während sich seine Söhne Erwin und Karl für den Dienst an der Front einschrieben. Planck begrüßte diesen Einsatz für das Deutsche Heer in mehreren Briefen. Sein Sohn Erwin diente an der Westfront in Belgien, bis er am 7. September 1914 in französische Kriegsgefangenschaft geriet. Bis dahin hatte zwischen Vater und Sohn ein reger Briefwechsel geherrscht. Bei allem Patriotismus war Planck nämlich auch voller väterlicher Sorge um sein Kind.[8] So mag die Stationierung seines Sohns Erwin in Belgien ebenfalls ein Grund für die Unterzeichnung des Aufrufs gewesen sein, denn ein großer Teil der „Auslandslügen", gegen die die Verfasser des Manifests - laut der telegraphischen Nachricht an Planck - protestieren wollten, befassten sich mit den Kriegsverbrechen der deutschen Soldaten in Belgien. So mag es für Planck, sowohl aus patriotischen Gründen, als auch aus väterlichen Pflichtgefühlen, eine Selbstverständlichkeit gewesen sein, einem Protest gegen diese Anschuldigungen seine Unterschrift zu geben.

2) Widersprüche zwischen geistiger Haltung und Unterzeichnung

Planck war im Ausland ein berühmter und anerkannter Wissenschaftler. Er gehörte zu fast allen europäischen Wissenschaftsgesellschaften als Ehrenmitglied, womit seine internationalen Beziehungen sich sehr weitläufig gestalteten. Diese Beziehungen trugen jedoch von der

---

[6] Pfufendorf: Die Plancks, S. 67
[7] Fritz Stern: Max Planck. Größe des Menschen und Gewalt der Geschichte, in: Stern, Das feine Schweigen, München, 1999, S.46
[8] Pfufendorf: Die Plancks, S. 75 ff.

Unterzeichnung des Manifests einen erheblichen Schaden davon, was sicher nicht in Plancks Interesse gelegen hatte, denn ihm ging die internationale Zusammenarbeit in der Wissenschaft über jegliche Auseinandersetzungen zwischen den Völkern.[9]
Auch der offene Chauvinismus im Manifest passte nicht direkt zur Haltung Plancks, der zwar sehr patriotisch war und ein starkes Nationalgefühl besaß, aber dennoch andere Völker respektierte und anerkannte. Dies zeigte sich, als es in der Preußischen Akademie um die Verleihung des Steiner-Preises ging: Zwei italienische Aufsätze wurden als die besten befunden und sollten damit gekürt werden, wogegen sich allerdings in einer Sitzung am 20. Mai 1915 mehrere Mitglieder der Akademie aussprachen, da Italien zu diesem Zeitpunkt dabei war, sich den Alliierten anzuschließen. Planck jedoch verhinderte einen Ausschluss der italienischen Kollegen, da nach seiner Meinung die Auszeichnung einer weniger guten Arbeit allein aus Gründen der Nationalität undenkbar war.[10]

3) Wandel der Meinung und Rezeption des Manifests

Planck hatte wohl - wie viele weitere Unterzeichner - den Wortlaut des Aufrufs erst nach der Veröffentlichung erfahren. Er versuchte daraufhin, seine Unterschrift in verschiedener Weise zu erklären. Erst entschuldigte er sich im privaten Bereich bei vielen seiner ausländischen Wissenschaftskollegen, um die abgebrochenen Beziehungen wiederherzustellen. Lise Meitner, eine berühmte österreichisch-schwedische Kernphysikerin, ließ daraufhin verlauten, Plancks Unterschrift sei ohne sein Zutun auf das Manifest gekommen.[11] Doch diese Erklärung war Planck anscheinend zu wenig, deshalb wandte er sich in einem offenen Brief an den Physiker Hendrik Lorentz, der am 12. April 1916 im Rotterdamer „Handelsblad" veröffentlicht wurde.[12]
In diesem Brief bezeichnete er das Manifest als einen Ausdruck der „patriotischen Erregung der ersten Kriegswochen"[13] und machte deutlich dass der kategorische Wahrheitsanspruch des Manifests nicht gegeben sei. Allerdings sah er diesen Wahrheitsanspruch nur als eine schlecht formulierte Formsache an oder als ein Vergreifen im Ton, weniger als einen grundlegenden Irrtum.

---

[9] Stern: Planck, S. 71
[10] Armin Herrmann: Max Planck in Selbstzeugnissen und Bilddokumenten, Reinbeck bei Hamburg, 1980, S.52
[11] Pfufendorf: Die Plancks, S. 71
[12] Herrmann: Planck, S.54
[13] Zit. in: Wolfgang u. Jürgen Ungern-Steinberg: Der Aufruf „An die Kulturwelt". Das Manifest der 93 und die Anfänge der Kriegspropaganda im Ersten Weltkrieg, Stuttgart, 1996, S. 72

Weiterhin bekräftigte er, dass die deutschen Intellektuellen stets hinter dem deutschen Heer stehen würden, wenn sie auch nicht „für jede einzelne Handlung eines jeden Deutschen (…) einstehen"[14] könnten. Planck bezeichnete in diesem Brief jedoch in keiner Zeile den Inhalt des Manifests als falsch, sondern nur seine anmaßende Form. Er gab auch zu verstehen, dass nach dem Krieg die Schuldfrage eingehend und objektiv geprüft werden müsse, er jedoch keinen Zweifel an der Unschuld Deutschlands habe. Der Brief schließt mit einem für Planck typischen Ausspruch, nämlich dass kulturelle und wissenschaftliche Zusammenarbeit stets wichtiger sei, als Auseinandersetzungen zwischen den einzelnen Staaten und Respekt vor den Angehörigen eines feindlichen Staates auch mit Patriotismus und Liebe für das eigene Land zu vereinen sei.[15]

Ein wahrer Wandel seiner Meinung über den Krieg und die Gerechtigkeit der deutschen Sache fand bei Planck selbst nach dem Tode seines Sohnes Karls im Jahre 1916 nicht statt. Es ging ihm bei seinen Erklärungen stets nur darum, seine internationalen Beziehungen wieder aufzurichten. Wie tief das Denken seiner Zeit über Heldentum und aufopferungsvollem Patriotismus in ihm steckte, zeigt ein Brief von 1916 an seinen Sohn Erwin, in dem er über den zu diesem Zeitpunkt noch vermissten Karl schreibt, dass diesem der Krieg gut getan und das Militär ihn an Geist und Körper gesund gemacht hätte.[16]

Während dem Krieg gab es außer der zweifelhaften Entschuldigung von 1916 keine weitere öffentliche Erklärung für seine Unterschrift. Dabei spielten wohl Trotz und Erbitterung über die feindliche Propaganda eine wichtige Rolle. Nach dem Krieg jedoch wurde von vielen Unterzeichnern (so auch von Planck) um ein differenziertes Urteil über das Manifest gerungen. So stimmte Plancks Meinung mit dem Artikel von Felix von Weingartner zum Manifest der 93 überein, indem der Aufruf als unbesonnen und marktschreierisch beschrieben wird. Doch stets wurde dabei auch die Rolle der schmachvollen und entwürdigenden Propaganda der Entente aufgezeigt, die, nach der Meinung der Unterzeichner, zu diesem Manifest führte.[17]

---

[14] Zit. in: Ungern-Steinberg: Der Aufruf „An die Kulturwelt", S. 72
[15] Ungern-Steinberg: Der Aufruf „An die Kulturwelt", S. 72
[16] Pfufendorf: Die Plancks, S.108
[17] Ungern-Steinberg: Der Aufruf „An die Kulturwelt", S. 73 ff.

III. Gerhart Hauptmann
1) Motive

Der Dichter Gerhart Hauptmann, der künstlerisch dem Naturalismus zuzuordnen war, wurde genau wie Planck telegraphisch über das Manifest informiert und um seine Unterschrift gebeten. Der Wortlaut des Telegramms, das viele deutsche Intellektuelle bekamen, lautete, wie Weingartner in seinem Artikel schrieb: „Ihre Unterschrift dringend erwünscht für Protest deutscher Intellektueller in neutraler Presse gegen Auslandslügen. Eile geboten. Bitte von Wortlaut abzusehen. Drahtantwort. Bürgermeister Reicke (sic), Berlin; Emil Fischer, Fulda, Harnack, Humperdinck, Max Liebermann, Liszt, Reicke, Riehl, Schmoller"[18].

So sah sich Hauptmann, wie viele andere Unterzeichner, mit wenig Informationen über den Aufruf konfrontiert und kam der Bitte nach, vom „Wortlaut abzusehen". Ein mögliches Motiv für die Unterzeichnung ohne den genauen Wortlaut zu kennen, könnte hier die frühere Zusammenarbeit mit Fulda und das daraus resultierende Vertrauen zu ihm sein, der bei dem Telegramm ebenfalls unterschrieben hatte. Diese Zusammenarbeit im Jahre 1900 hatte den Zweck, die sogenannte „lex Heinze" zu verhindern, bei der es sich um ein Gesetz zur harten Bestrafung von „Sittlichkeitsverstößen" in der Kunst handelte. Hauptmanns und Fuldas Unterschriften waren auf der Protesterklärung aus dem selben Jahr zu finden, genauso wie die Unterschriften von 16 weiteren späteren Unterzeichnern des Aufrufs.[19]

Ein weiteres Motiv war seine Unterzeichnung war sein großes Engagement gegen Auslands-Propaganda, die sich explizit gegen das Deutsche Reich richtete. So verfasste er im August 1914 den Aufsatz „Gegen Unwahrheit" in dem er die Aussagen des französischen Philosophen Henri Bergson, dass der Krieg gegen Deutschland ein Krieg der Zivilisation gegen die Barbarei sei, geißelt und dagegen hält, dass kein deutscher Soldat ungebildet sei und nirgendwo die Idee des „Weltbürgertums" tiefer verwurzelt sei, als im Deutschen Reich.[20]

Der Weltkrieg war für Hauptmann, wie es auch landläufig die Meinung war, ein Verteidigungskrieg. Somit nahm er diese populäre Meinung als Ausrede für den Widerspruch zwischen der Produktion

---

[18] Zit. in: Ungern-Steinberg: Der Aufruf „An die Kulturwelt", S. 196
[19] Ungern-Steinberg: Der Aufruf „An die Kulturwelt", S. 39
[20] Reinhard Alter: Gerhart Hauptmann. Das Deutsche Kaiserreich und der Erste Weltkrieg, in: Bernd Hüppauf (Hrsg.): Ansichten vom Krieg. Vergleichende Studien zum Ersten Weltkrieg in Literatur und Geschichte, Königsstein/Ts., S. 193

von Kriegspropaganda durch ihn selbst (durch Kriegsgedichte[21], Aufsätze, etc.) und der von ihm ebenfalls propagierten Humanität, die sich darin ausdrücken sollte, den Gegner zu respektieren und nicht zu hassen. Diese Vorstellung des Verteidigungskriegs hat ihn wohl auch unter anderem zu der Unterzeichnung des Manifests motiviert, da sich ihm durch die Unterzeichnung des Aufrufs eine weitere Möglichkeit bot, sein Land durch seinen Namen in Schutz zu nehmen.[22] Auch seine besondere Abneigung gegen England könnte ein weiterer Grund für die Unterzeichnung gewesen sein.[23] Er behauptete, England sei der „wahre Erbfeind Europas", Englands Regierung hätte Frankreich in den Krieg als russischer Verbündeter gedrängt und durch die Auslieferung Tsingtaus (ein deutscher Handelsstützpunkt) an Japan sich als „Verräter an der weißen Rasse" entpuppt.[24] Damit zeigte er einen für die Zeit typischen Rassismus, der sich auch im Aufruf „An die Kulturwelt" wiederfinden lässt und somit die allgemeine Meinung unter den Intellektuellen der damaligen Zeit über die Überlegenheit der „weißen Rasse" widerspiegelte.[25]

2)Widersprüche zwischen geistiger Haltung und Unterzeichnung

Die Zwiespältigkeit von nationalem Selbstbewusstsein und sozialen Pflichtgefühlen zeichnete Hauptmann seit seiner Jugend aus. Mit seinem Werk „Die Weber" setzte er sich für die Arbeitergesellschaft ein, dementierte jedoch dies sofort, nachdem er dafür vom Kaiser kritisiert wurde.[26] Er wollte stets sozial und national sein, jedoch nie sozialistisch oder nationalistisch. Doch dafür lebte er in der falschen Zeit. Die politischen Strömungen waren zur Zeit des Ersten Weltkriegs so radikal wie noch nie zuvor in der Geschichte des Reichs. So wurde er von den Sozialdemokraten aufgrund von Äußerungen in der schwedischen Zeitung „Sozialdemokraten", „Die Weber" sei kein sozialistisches Werk, sondern ein „rein menschliches", als Verräter am Sozialismus beschimpft . Patriotische Ortsvereine dagegen warfen ihm während des „Festspiels in deutschen Reimen" vor,

---

[21] z.B. das „Reiterlied" von 1914

[22] Thorsten Stegemann: Abwehr, Abkehr und Einkehr. Gerhart Hauptmanns Haltung zum Ersten Weltkrieg und seine dramatischen Dichtungen von 1914-1918, in: Weimarer Beiträge 38, 1992, S. 369

[23] Diese Abneigung würde sich jedoch nur gegen dessen Regierung richten, nicht gegen das englische Volk, wie er stets betonte.

[24] Hüppauf (Hrsg.): Ansichten vom Krieg, S. 195

[25] Rüdiger vom Bruch: Gelehrtenpolitik, Sozialwissenschaften und akademische Diskurse in Deutschland im 19. und 20. Jahrhundert, Stuttgart, 2006, S. 162

[26] Hüppauf (Hrsg.): Ansichten vom Krieg, S. 185

ein „internationaler Jammerlappen" zu sein.[27]
So passte seine Unterschrift auf diesem sehr nationalistischen und extremen Aufruf nicht in das Bild, das er von sich selbst schaffen wollte, als ein gemäßigter Patriot, der seinen Patriotismus nicht als Chauvinismus und „Hurra-Patriotismus"[28] sah, sondern als einen, der sich nur auf die Liebe des eigenen Heimatlandes beschränkt, anderen Nationen jedoch respektvoll begegnet. Die Vorwürfe des rechten Lagers, er wäre ein Pazifist, dementierte er jedoch vehement.[29]
Auch seine Aussagen, ein Künstler müsse unpolitisch bleiben, lassen es zweifelhaft erscheinen, dass er es unterschrieben hätte, hätte er den gesamten Text des Manifests gekannt. Diese Aussagen begründete er damit, dass ein Künstler nur dann kulturell wertvolle Dinge erschaffen könne, wenn er nicht vom Hass auf eine Gegenseite verblendet sei.[30]
Ebenso seine Ansichten über die Kulturpolitik Wilhelms II. lassen eine Unterschrift mit Kenntnis der darin enthaltenen Verteidigung des Kaisers unwahrscheinlich erscheinen. Er setzte sich stets gegen die Zensur ein, die von diesem Kaiser propagiert wurde und sah sich selbst in „liberaler Opposition zur Regierung"[31].
Ein weiteres Kriterium, das einen Widerspruch zur Unterzeichnung des Manifests darstellt, ist seine Verklärung des Krieges als eine Naturkatastrophe. Es gab für Hauptmann keine moralische und menschliche Verantwortung im Krieg, da dieser von ihm als etwas von der Natur Gegebenes stilisiert wurde. Somit war für ihn die Frage der Kriegsschuld überflüssig und auch die Vorwürfe der Gräueltaten an belgischen Zivilisten, denn für ihn war der Krieg an sich an den Geschehnissen schuld, jedoch nicht die Menschen darin.[32] Hierin spiegelte sich wahrscheinlich sein zwiespältiger Charakter wider, der zwar einerseits auf Humanität pochte, jedoch andererseits solche abstrakten Gedankenkonstrukte kreierte, um sich die Grausamkeit der deutschen Soldaten auf eine Weise zu erklären, die nicht sein nationales Pflichtgefühl verletzte.

---

[27] Zit. in: Hüppauf (Hrsg.): Ansichten vom Krieg, S. 190
[28] Zit. in: Hüppauf (Hrsg.): Ansichten vom Krieg, S. 188
[29] Stegemann: Abwehr, Abkehr und Einkehr, S. 374
[30] Hüppauf (Hrsg.): Ansichten vom Krieg, S. 187
[31] Zit. in: Hüppauf (Hrsg.): Ansichten vom Krieg, S. 186
[32] Hüppauf (Hrsg.): Ansichten vom Krieg, S. 202

3)Wandel der Meinung und Rezeption des Manifests

Eine richtige Stellungnahme zu seiner Unterzeichnung des Manifests der 93 gibt es von Gerhart Hauptmann nicht. Somit reihte er sich in die Menge der Unterzeichner ein, die nach der Veröffentlichung und den heftigen Reaktionen aus dem Ausland darauf verschämt schwiegen. Man kann nur vermuten, ob ihm die Mitwirkung bei diesem Aufruf peinlich war, denn seine Ansichten wandelten sich im Lauf der Jahre. Wenn auch nicht bedeutend.

Hauptmann glaubte wie viele seiner Landsleute an einen schnellen Sieg des deutschen Heeres. Ende 1914 jedoch erkannte er, dass dieses Ziel wohl nicht erreicht werden konnte. Daraufhin mäßigten sich seine bis dahin sehr harschen Äußerungen über die Feindpropaganda und er wurde nachdenklich, da ihm klar wurde, dass dieser Krieg sehr viel mehr kosten würde als jeder Krieg zuvor. Allerdings kam er nie von der Idee des Siegfriedens ab und der Sinn des Kriegs blieb für ihn immer noch derselbe.[33]

Im Jahre 1915 wandelte sich seine Meinung hinsichtlich des Krieges und seine Begeisterung daran schwand, woran wohl die mangelnden Erfolge des deutschen Militärs schuld waren. Ab diesem Zeitpunkt war sein höchstes Ideal der Weltfrieden.[34] Dass er allerdings ein stets zum Frieden mahnender Dichter gewesen sei, dessen Tragik war, dass er nicht gehört wurde, kann wohl so nicht stimmen. Diese wohlmeinenden Meinungen einiger Literaten berücksichtigten nämlich nicht seine ständige Unterstützung der Regierung, wenn es um die Frage der Beendigung des Krieges ging. Hauptmann war stets der Meinung, der Krieg müsse für Deutschland mit einem Sieg enden und dieser Sieg müsse einhergehen mit Annexionen der besiegten Länder.[35] Einen Verständigungsfrieden, wie er von SPD, dem Zentrum und der Fortschrittspartei propagiert wurde, lehnte er kategorisch ab, ebenso wie deren Aufforderungen im Juli 1917 an ihn, sich diesem Ziel anzuschließen.[36]

Jedoch verfestigt sich in ihm zunehmend mit den Kriegsjahren die Einsicht, dass der Krieg etwas Grausames ist und es stellt sich bei ihm immer wieder eine depressive Haltung ein, da er daran nichts ändern kann. Pazifist wurde Hauptmann deswegen nicht, jedoch kritischer und einsichtiger in seinem Denken über den Krieg. Das verdeutlicht das Beispiel eines Antwort-Briefes an den

---

[33] Hüppauf (Hrsg.): Ansichten vom Krieg, S. 196
[34] Stegemann: Abwehr, Abkehr und Einkehr, S. 371
[35] Stegemann: Abwehr, Abkehr und Einkehr, S. 373
[36] Hüppauf (Hrsg.): Ansichten vom Krieg, S. 201

französischen Schriftsteller, der ihm vorgeworfen hatte, die Deutschen würden unersetzbare Kulturgüter zerstören. Darin schreibt Hauptmann, dass er zwar traurig über ein zerstörtes Kunstwerk sei, er dieses aber nie wertvoller ansehen würde als ein Menschenleben und eine „zerschossene Brust eines Menschenbruders" viel tieferes Leid in ihm verursacht als zum Beispiel ein zerstörter „unersetzlicher Rubens".[37]

Nach dem Krieg betonte Hauptmann stets seine Unparteilichkeit, verschleierte jedoch in seinen Aussagen die Tatsache, dass er während der Kriegszeit Reich und Regierung mit seinen Aussagen treu gedient hatte.[38]

IV. Ludwig Fulda

1) Motive

Die Motive sind bei Ludwig Fulda als Motive für die Ausarbeitung des Aufrufs zu verstehen und nicht als Motive für die Unterzeichnung, da diese sich aus seiner Ausarbeitung und Verfassung des Manifests ergibt.

Der starke Patriotismus, den er wegen seiner jüdischen Abstammung des öfteren verteidigen musste, war wohl der wichtigste Grund für die Verfassung des Manifests. Dieser Patriotismus ließ ihm die Propaganda der Alliierten sauer aufstoßen, die Gräueltaten von deutschen Soldaten propagandistisch ausschlachtete und diese auch teilweise überspitzt darstellte. Doch nicht nur die militärische Propaganda der Alliierten wandte sich gegen die Deutschen, auch und vor allem die Intellektuellen der Entente ergingen sich in Beleidigungen und Schmähungen deutscher Kunstwerke. Diese „Barbarisierung" der Deutschen war für einen derart patriotisch eingestellten Mann und Verehrer der Literatur und Kunst allgemein nicht tragbar.[39][40]

Nach Kriegsbeginn wandte er sich dann auch dezidiert in dem Aufsatz „Ausländerei" gegen ausländische Theaterstücke und deren Aufführung in Deutschland.[41] So reagierte er seiner Meinung nach angemessen gegen die Schmähung deutscher Werke durch französische Literaten dieser Zeit,

---

[37] Stegemann: Abwehr, Abkehr und Einkehr, S. 388
[38] Hüppauf (Hrsg.): Ansichten vom Krieg, S. 204
[39] Ungern-Steinberg: Der Aufruf „An die Kulturwelt", S.55
[40] Bis Kriegsbeginn dehnte sich seine Verehrung auch auf ausländische Werke aus, wie z.B. die Theaterstücke von dem französischen Autor Molière, dessen Komödien Fulda ins Deutsche übersetzte.
[41] Ungern-Steinberg: Der Aufruf „An die Kulturwelt", S. 19

die „nicht einmal vor dem erhabenen Namen Goethes Halt machten". [42]

Als weiteren Grund für seine Verfassung dieses Manifests gab Fulda an, dass die Propaganda gegen die 10 Gebote Gottes verstoße, da sie falsches Zeugnis über die Deutschen ablegen würde. Diese starke Religiosität in den Aussagen gegen Feindstaaten war ein typisches Merkmal dieser Zeit. Man nehme als Beispiel nur die vielen Kriegspredigten oder auch die Erfindung der englischen Propaganda, Deutsche würden auf jedem Wachposten ein Kreuz aufstellen, da englische Soldaten es nicht wagen würden auf Kreuze zu schießen.[43]

Viele der westlichen Feinde Deutschlands gaben an, nur den deutschen Militarismus vernichten zu wollen, aber nicht die deutsche Kultur. Für Fulda jedoch bildeten diese beiden Bereiche des deutschen Geistes eine Einheit. Nach seiner Aussage war der deutsche Militarismus dafür verantwortlich, dass die deutsche Kultur überhaupt existierte, denn er hätte diese gegen ständige „Raubzüge" anderer Staaten verteidigen und schützen müssen. Dass Deutschland jahrhundertelang eher Verteidiger denn Aggressor gewesen war, stimmte wohl. Die Erinnerungen daran ließen in Deutschland wohl diese extreme Abwehrhaltung entstehen und die Verherrlichung des Militarismus als den Schützer der Kultur. Im Ausland wurde das Bekenntnis zum Militarismus im Manifest natürlich nicht in diesem Kontext gesehen, sondern die deutschen Intellektuellen wurden pauschal als militaristisch und als Verräter des deutschen Geistes angesehen, was allerdings bei der Schärfe in den Formulierungen des Aufrufs wohl auch nicht verwunderlich war.[44]

2) Widersprüche zwischen geistiger Haltung und Verfassung des Aufrufs

Viele Widersprüche lassen sich zwischen Fuldas Verfassung des Manifests und seiner geistigen Haltung nicht finden, da dieser Aufruf ja seiner geistigen Haltung entsprang. Einer jedoch sticht besonders heraus: Als Bühnenautor und Schriftsteller befand sich Fulda stets in Opposition zu der Kulturpolitik Wilhelms II. Dieser beanspruchte allein für sich das Recht, zu entscheiden, was wertvolle Kunst war und was nicht. Gegen dieses autoritäre Eingreifen in die künstlerische Freiheit begehrte Fulda mehr als einmal auf und leitete zusammen mit dem Kritiker Fritz Mauthner und Gerhart Hauptmann den Verein „Freie Bühne", dessen Arbeit darin bestand, durch Zensur und Verbot gestrafte Bühnenwerke dennoch zur Aufführung zu bringen. Diese Opposition zu der wilhelminischen Politik steht in einem harten Kontrast zu der Verfassung eines Manifests, in dem

---

[42] Zit. in: Ungern-Steinberg: Der Aufruf „An die Kulturwelt", S. 55
[43] Ungern-Steinberg: Der Aufruf „An die Kulturwelt", S. 50 f.
[44] Ungern-Steinberg: Der Aufruf „An die Kulturwelt": S. 58 f.

der Kaiser vor sämtlichen Vorwürfen des Auslands in Schutz genommen wurde.[45]

3) Wandel der Meinung und Rezeption des Manifests

Bald nach der Veröffentlichung des Manifests gründete Fulda im Oktober 1914 zusammen mit Georg Reicke und Hermann Sudermann den „Kulturbund deutscher Gelehrter und Künstler", der seine Aufgabe darin sah, das Ausland aufzuklären und „gleichartige Bestrebungen" wie die des Manifests in einem Verein zu bündeln.[46]

Ein wahrer Wandel der Meinung Fuldas über das Manifest kam auch Jahre nach dem Krieg nicht zustande. So schrieb er am 23. April 1919 einen Brief an Hans Wehberg, der ihn zuvor aufgefordert hatte, seine Unterschrift auf dem Manifest zu widerrufen. In diesem Brief legte er dar, dass er für eine Rücknahme der Unterschrift keine Veranlassung sehe, da der Aufruf für ihn keine Anklage darstellte, sondern lediglich eine Verteidigung gegen „eine Sturzflut von Schmähungen". Auch sein Ärger über die ausländischen Reaktionen, die ihn als Beispiel der deutschen Arroganz benutzt hatten, klingt in dem Brief an. Er erkannte zwar an, dass sich die Verfasser (und damit auch er selbst) ich „in dem oder jenem" Punkt geirrt hätten, aber er könne niemals die negativen ausländischen Reaktionen als geltenden Richtspruch über das Dokument anerkennen, da die alliierte Propaganda genauso beleidigend geblieben war und für ihn somit Kritik von dieser Seite nicht ernst zu nehmen sei. Außerdem geißelte er die Schmähpropaganda der Alliierten als den eigentlichen Grund für das Manifest und dass auch als den Urheber der mangelnden Klärung der Fehler im Manifest während der Kriegszeit. Er warnte vor zudem vor einem voreiligen, einseitigen Schuldbekenntnis.[47] Diese Haltung war typisch für den „harten Kern" der Unterzeichner, die Wehberg für sein „denunziantenhaftes Benehmen" - wie Theodor Wiegand in einem Brief an Fulda schrieb - im Zuge seiner Aufklärung der Umstände des Manifests schalten.[48]

Einen Wandel in seiner patriotischen Einstellung erfuhr Fulda erst, als er am 5. Mai 1933 wegen seiner jüdischen Abstammung von der Preußischen Akademie der Künste ausgeschlossen wurde und 1935 Publikationsverbot bekam. Daraufhin verlor er seinen Glauben in Deutschland und

---

[45] Ungern-Steinberg: Der Aufruf „An die Kulturwelt": S. 31
[46] William M. Calder (Hrsg.): Wilamowitz nach 50 Jahren., S. 719
[47] Ungern-Steinberg: Der Aufruf „An die Kulturwelt", S. 193
[48] Ungern-Steinberg: Der Aufruf „An die Kulturwelt", S. 206

brachte sich am 30. März 1939 in Berlin um.[49]

V. Resümee

Zusammenfassend kann man sagen, dass die vorherrschende Ideologie bei den Intellektuellen des Deutschen Reiches im Ersten Weltkrieg ein übersteigerter Patriotismus war, der sich in dem Manifest der 93 als harscher Chauvinismus ausdrückte. Kein Wunder eigentlich bei einem Volk, dass sich in allen Lebensbereichen so stark an seinem Herrscher orientierte. Wilhelm II. lebte den Chauvinismus in allen Bereichen seiner Herrschaft vor und diejenigen, die etwas auf sich hielten, ahmten ihn nach. Ein Beispiel dieses wilhelminischen Chauvinismus war die Verweigerung des Schillerpreises für den Schweizer Dichter Conrad Ferdianand Meyers mit der Begründung, „auch im Inlande seien Deutsche Dichter vorhanden", „denen der Preis zuerkannt werden könnte".[50]

So wirkte die Ideologie sich derart aus, dass eigene Ideale stets hinter dem Wohl des Vaterlandes zurückstehen mussten und ein liebender Vater wie Max Planck mit Freuden seine Kinder in den Krieg schickte, ein Gerhart Hauptmann bei seinen Äußerungen über die Feindländer die von ihm selbst propagierte Humanität missen ließ und Ludwig Fulda, ein politischer Gegner Wilhelms, sich für diesen Kaiser einsetzte, selbst nachdem dieser allein aus dem Grund der Opposition Fuldas ihm den preußischen Schillerpreis nicht zuerkannte.[51]

Die späteren Rezeptionen, wie an dieser repräsentativen Auswahl gezeigt, fielen sehr unterschiedlich aus. Manche gingen soweit, dass sie später ihre Unterschrift zurückzogen, andere wie Planck entschuldigten sich für dieses Manifest und wieder andere wie Fulda hielten lang an der Idee des Aufrufs fest, einerseits aus Trotz, andererseits auch aus Verbitterung. Und dann gab es noch eine große Anzahl derer die einfach zu dem Aufruf schwiegen wie Hauptmann. Die einzelnen Gründe für dieses Schweigen können nur gedeutet werden, jedoch nicht sicher belegt, doch bei vielen kann man schlicht Scham vermuten.

Das Ironische an dem Patriotismus der damaligen Zeit war, dass diejenigen, die nicht an der Front gestanden hatten und die brutale Wirklichkeit des Krieges miterlebt hatten, die größten Heldenreden voller Theatralik und Pathos schwangen. Dazu schrieb Theodor Wolff in seinem Tagebucheintrag vom 3. September 1914 treffend: „Am übelsten sind die Literaten und sonstigen Wichtigtuer, von denen jetzt einer den anderen zu übertrumpfen sucht" (namentlich wird Fulda genannt) und er

---

[49]
    Ungern-Steinberg: Der Aufruf „An die Kulturwelt", S. 30 f.
[50]
    Zit. in: Ungern-Steinberg: Der Aufruf „An die Kulturwelt", S. 32
[51]
    Ungern-Steinberg: Der Aufruf „An die Kulturwelt", S. 32

geißelte das „kraftheuchlerische Geschwafel von Leuten, die sich die Füße in Pantoffeln wärmen, während draußen die prachtvollen Soldaten kämpfen und sterben"[52].

---

[52] Zit. in: William Calder (Hrsg.): Wilamowitz nach 50 Jahren, S. 687

VI. Quellen- und Literaturverzeichnis

Quellen

An die Kulturwelt!, Aufruf vom 4. Oktober 1914, in: nernst.de, online im Internet: http://www.nernst.de/kulturwelt.htm (letzter Zugriff: 14.3.2012)

Die Erklärung von Max Planck (Dok. 19), in: Wolfgang und Jürgen von Ungern-Steinberg, Der Aufruf „An die Kulturwelt". Das Manifest der 93 und die Anfänge der Kriegspropaganda im Ersten Weltkrieg, Stuttgart 1996, S. 186

Fulda an Wehberg (Dok. 22), in: Wolfgang und Jürgen von Ungern-Steinberg, Der Aufruf „An die Kulturwelt". Das Manifest der 93 und die Anfänge der Kriegspropaganda im Ersten Weltkrieg, Stuttgart 1996, S. 193

Ludwig Fulda, Georg Reicke, Hermann Sudermann an Wilhelm Wien (IV.), in: William Calder (Hrsg.), Wilamowitz nach 50 Jahren, Darmstadt 1985, S. 719

Der Artikel Weingartners über das Manifest der 93 deutschen Intellektuellen (Dok. 25), in: Wolfgang und Jürgen von Ungern-Steinberg, Der Aufruf „An die Kulturwelt". Das Manifest der 93 und die Anfänge der Kriegspropaganda im Ersten Weltkrieg, Stuttgart 1996, S. 194 ff.

Literatur

Alter, Reinhard: Gerhart Hauptmann. Das Deutsche Kaiserreich und der Erste Weltkrieg, in: Hüppauf, Bernd (Hrsg.): Ansichten vom Krieg. Vergleichende Studien zum Ersten Weltkrieg in Literatur u. Ges., Königstein/Ts., Forum Academicum in d. Verl.-Gruppe Athenäum, Hain, Hanstein, 1984

Brocke, Bernhard vom: Wissenschaft und Militarismus. Der Aufruf der 93 "An die Kulturwelt!" und der Zusammenbruch der internationalen Gelehrtenrepublik im Ersten Weltkrieg. In: William M. Calder (Hrsg.): Wilamowitz nach 50 Jahren., Darmstadt, Wiss. Buchges., 1985, S. 648-717

Bruch, Rüdiger vom: Gelehrtenpolitik, Sozialwissenschaften und akademische Diskurse in Deutschland im 19. und 20. Jahrhundert, Stuttgart, Steiner-Verl., 2006

Hermann, Armin: Max Planck in Selbstzeugnissen und Bilddokumenten, Reinbek bei Hamburg, Rowohlt, 1980

Pfufendorf, Astrid von: Die Plancks. Eine Familie zwischen Patriotismus und Widerstand, Berlin, Propyläen, 2006

Stegemann, Thorsten: Abwehr, Abkehr und Einkehr. Gerhart Hauptmanns Haltung zum Ersten Weltkrieg und seine dramatischen Dichtungen von 1914-1918, in: Weimarer Beiträge 38 (1992), S. 368 – 389

Stern, Fritz: Max Planck. Größe des Menschen und Gewalt der Geschichte, in: Stern, Das feine Schweigen, München, C.H.Beck, 1999

Ungern-Sternberg, Jürgen von; Ungern-Sternberg, Wolfgang von: Der Aufruf „An die Kulturwelt!", Stuttgart, Steiner, 1996